Das große
Benimm-
Buch

Buchverlag Junge Welt

Hannes Hüttner – Egbert Herfurth

Das große **Benimm-**Buch

ISBN 3-7302-0395-9

4. Auflage
Lizenznummer: 308/91
LSV: 7852
Gesamtherstellung: Sachsendruck und Verlag GmbH Plauen
Bestellnummer: 683 433 4
Lektor: Irene Kahlau
Gestaltung: Christine Petzak
Für Leser von 8 Jahren an.

1
Die Menschen grüßen einander

Grüßen heißt, Freude über eine Begegnung zu zeigen.

Wer grüßt, darf einen Gegengruß erwarten.

Die Tageszeit bestimmt den Gruß:
guten Morgen, guten Tag, gute Nacht.

Jüngere grüßen Ältere, Männer grüßen Frauen.
Beachte: Ältere Männer grüßen jüngere Frauen!

Kennt man den anderen gut, so kann man ihm die Hand zum Gruß reichen.

2
Zwei wichtige Worte sind «bitte» und «danke»

Danken heißt, Freude über eine Gefälligkeit auszudrücken.

Lehnt man angebotene Freundlichkeiten ab, so sagt man «nein, danke».

Wer sich gleich bedankt, bedankt sich doppelt.

Einem Dankenden antwortet man mit «Bitte!» oder «Bitte schön!»

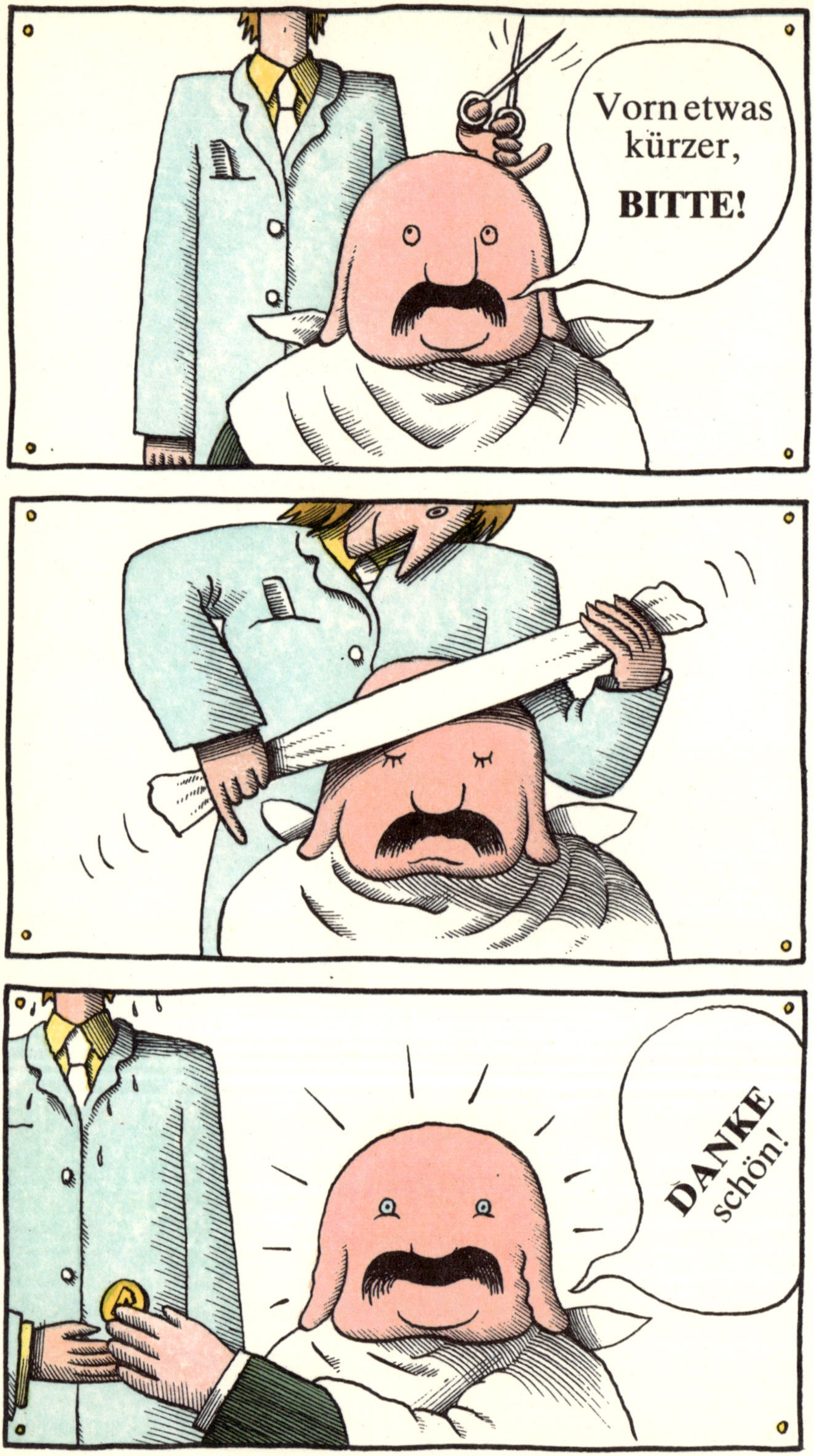

Ein höfliches «Danke schön» entschädigt für viele Mühen.

3
Wie man sich miteinander bekannt macht

Sich vorstellen heißt, anderen seinen Namen mitzuteilen.

Man stellt sich nur Menschen vor, mit denen man länger bekannt sein muß oder möchte.

Jüngere stellen sich Älteren, Männer stellen sich Frauen, Neuankömmlinge den Anwesenden vor.

Es ist besser, von anderen vorgestellt zu werden, als sich selbst vorzustellen.

Wurde man jemandem vorgestellt, so muß man ihn künftig grüßen oder seinen Gruß beantworten.

4

Essen und Trinken hält Leib und Seele zusammen

Die Augen essen mit. Deshalb wird der Tisch zu den Mahlzeiten sorgfältig gedeckt.

Man setzt sich stets mit gewaschenen Händen an den Tisch.

Essen mehrere, so beginnen sie die Mahlzeiten gemeinsam.

Ist auf der Tafel etwas vergessen worden, so holt man es freudig herbei.

Man benutzt die Gabel stets mit der linken, Messer und Löffel mit der rechten Hand.

Man tut sich nur so viel auf den Teller, daß noch Platz bleibt, die Bissen mundfertig zu machen.

Der Mund bleibt beim Kauen geschlossen.

Benötigt jemand am Tisch das Salz, so reicht es ihm der, der dem Salzstreuer am nächsten sitzt.

Beim Essen unterhält man sich, vermeidet aber anstrengende Themen.

Zum Essen trinkt man mäßig.

Man hält das Trinkgefäß mit einer Hand und trinkt in kleinen Schlucken.

Liegt eine Serviette beim Gedeck, dann benutzt man sie auch.

Das Essen soll ohne Hast eingenommen werden.

Beim Essen liest man nicht.

Nach dem Essen wäscht man sich die Hände und putzt sich die Zähne.

5

Wir fahren mit der Bahn oder dem Bus

Hält eine Bahn oder ein Bus, so läßt man allen den Vortritt, die aussteigen möchten.

Gebrechliche und ältere Personen steigen zuerst ein und aus.

Man geht bis zur Mitte des Wagens, damit für alle Platz ist.

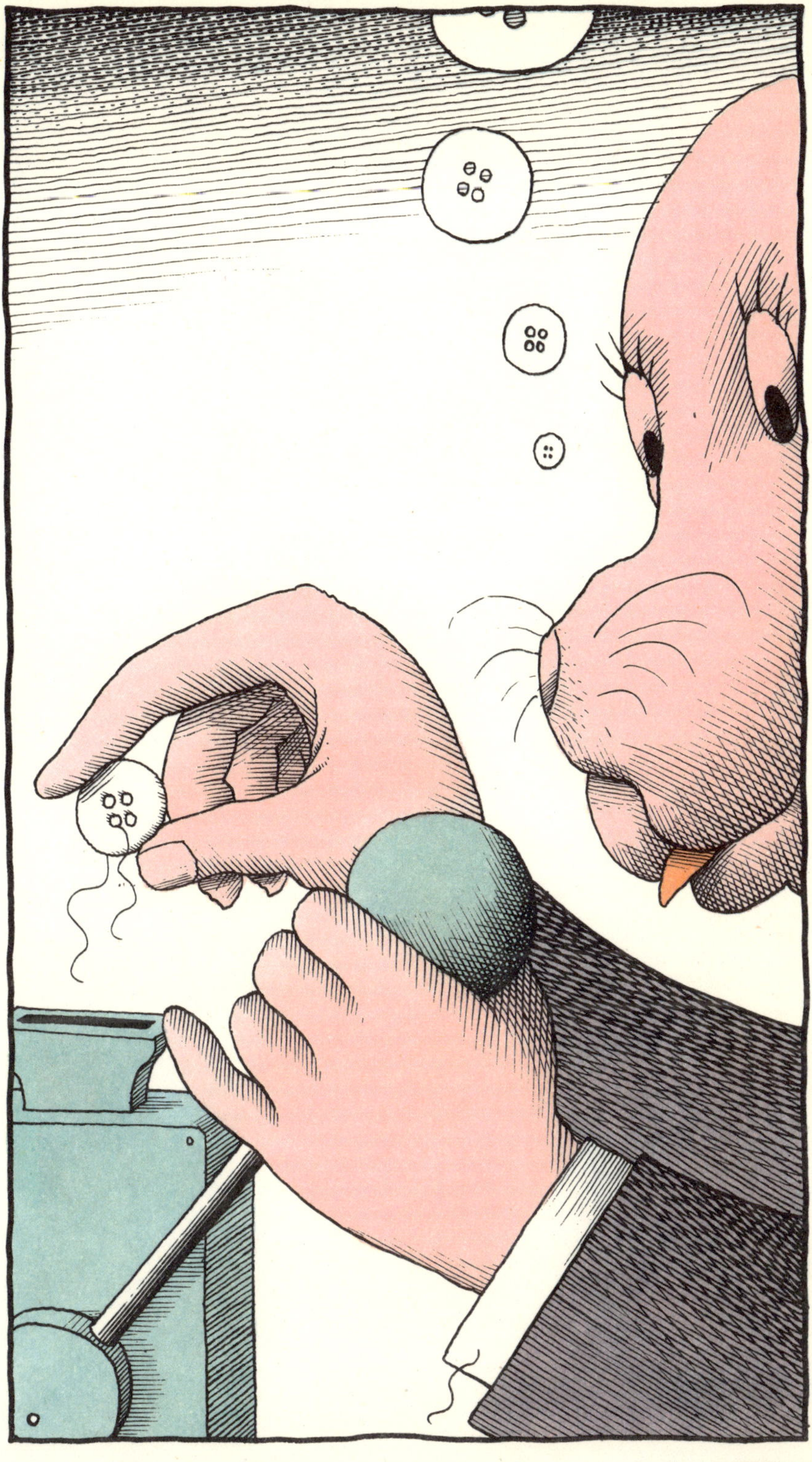

Man entrichtet das Fahrgeld sofort nach dem Einsteigen.

Älteren, Behinderten und werdenden Müttern bietet man seinen Platz an.

6

Wie man mit kleineren Kindern umgeht

Kleinere Kinder sind weniger umsichtig. Man macht sie auf Gefahren aufmerksam.

Kleine Kinder sind dankbar, wenn man sie mitspielen läßt.

Auf einem Spielplatz gibt es Spielmöglichkeiten
für kleinere und größere Kinder.

Weint ein kleines Kind, so fragt man, was ihm fehlt.

Kleinere Kinder behandelt man rücksichtsvoll.

7
Wir helfen im Haushalt

In einem Haushalt greift jedes Familienmitglied zu.

Kinder übernehmen feste Pflichten und erfüllen sie auch.

Es ist immer eine gute Idee, den Frühstückstisch zu decken.

Die Eltern freuen sich:
Wenn du den Abwasch **erledigt** hast,

wenn du **einkaufen** gehst,

wenn ihr das Altpapier **fortbringt.**

Und außerdem freuen sie sich,

wenn du Staub wischst.

8
Wir halten Ordnung

Ordnung halten heißt Zeit sparen.
Zur Ordnung gehört: jeden Tag rechtzeitig auf-

stehen, sich waschen, regelmäßig essen, abends nicht zu spät ins Bett gehen.

Ordnung halten heißt auch, eigene und geliehene Dinge zu unterscheiden.

Ordnung stellt man nicht einmal im Monat, sondern mit jedem Handgriff her.

Ordnung und Sauberkeit sind Geschwister.

Je kleiner der Raum oder die Ecke, die einem zur Verfügung steht, um so ordentlicher muß man sein.

Wer Ordnung hält, weiß stets, wo die Dinge liegen.

Geschwister helfen einander.

9

Über den schwierigen Umg
mit Geschwistern

9

Über den schwierigen Umgang mit Geschwistern

Geschwister helfen einander.

Geschwister teilen untereinander.

Man sollte seinem Bruder oder seiner Schwester auch mal sagen, daß man ihn (oder sie) gern hat.

Geschwister lassen nicht zu, daß über den anderen schlecht gesprochen wird.

Geschwister stehen einander bei.

10

Tiere erfreuen das Herz

Auch wer kein Haustier hat, kann Tiere lieben.

Ein Haustier braucht sehr viel Pflege.

Ein Tier muß mit Geduld erzogen werden.

Gepflegte und gut behandelte Tiere sind dankbar und zutraulich.

Man sollte nicht mehr als zwei Tiere in einer Wohnung halten.

11
Ferien mit der Klasse

Gemeinsam reisen heißt fröhlich reisen.

Während einer Ferienfahrt braucht man vor allem zweckmäßige Kleidung.

Den Anweisungen des Lehrers oder Erziehers leistet man freudig Folge.

Jeder ist einmal an der Reihe, den Tisch zu decken oder das Brot zu schneiden.

Man geht niemals fehl, wenn man sich im Ferienlager so benimmt wie zu Hause.

In den Ferien beteiligt man sich gern an Wanderungen. Voller Erlebnisse kehren alle zurück.

In den Ferien lernt man neue Freunde kennen.
Man darf dabei niemand vor den Kopf stoßen.

Bei einem Sportfest gibt man sich Mühe, den Sieg für die eigenen Farben zu erringen.

Den Inhalt eines Paketes teilt man mit seinen besten Freunden.

Spielend lernt man in den Ferien viele neue Dinge.

Froh kehren alle aus den Ferien zurück.

12
Ferien mit den Eltern

Die Ferienzeit sollte man nutzen, mit den Eltern einmal ungestört zu reden.

Benutzen Eltern ihren Urlaub zu häuslichen
Arbeiten, macht man sich als Kind dabei nützlich.

Fährt man zur Großmutter, so ist dort manches anders. Man zeigt sein Staunen jedoch nicht.

Bei Großmutter darf man sich verwöhnen lassen.

Kinder in kleineren Orten freuen sich über neue Gesichter. Man muß sich nur bekannt machen.

Verlebt man den Urlaub im Hotel, so heißt die wichtigste Regel: Leise sein!

Im Hotel benimmt man sich so, daß alle Leute die Eltern um ihre Kinder beneiden.

13
Wenn man miteinander spricht

Gespräche dienen dazu, daß die Menschen einander näherkommen.

In Gesprächen drückt man sich für alle verständlich aus.

Man fällt in Gesprächen niemals dem Partner ins Wort, sondern läßt ihn ausreden.

Worte sollte man nur in ihrer wahren Bedeutung gebrauchen.

Bei Gesprächen verwendet man starke Worte nur, wenn sie wirklich angebracht sind.

14
Über den Umgang mit Geld

Mit Geld geht man genau um. Kauft man ein, so legt man eine Abrechnung vor.

Man spielt oder wettet nie um Geld.

Ein Kind macht mit Geld keine Geschäfte.

15
Über den Umgang mit Zeit

Pünktlichkeit spart die Zeit der anderen.

Zeit soll man nie ungenutzt verstreichen lassen.

Für wichtige Dinge muß man sich Zeit nehmen.

Auf
Wieder-
sehen!

Inhalt